मुग्धांजलि

ममता गिनोडिया

सन्मति

Title: Mughdhanjali
ISBN:9789390539284

प्रकाशक
सन्मति पब्लिशर्स एण्ड डिस्ट्रीब्यूटर्स
बी–347, संजय विहार,
मेरठ रोड, हापुड़–245101 (उ0प्र0)
www.sanmatiindia.com
email: sanmati555@gmail.com
मो. 8439645104

प्रथम संस्करण : 2021

मन की बात

यह पुस्तक जो है वो मन के मैल का प्रक्षालन करती हुई है । चित्त के अहंकार के आवरण को हटाती हुई है। यह पुस्तक बड़ी ही सुन्दर रोचक तथा आनंद से भरपूर है। इसमें आपको हर तरह की सामग्री मिलेगी जिससे हम अपने जीवन को सुदृढ़ व सुगमता पूर्वक जी सकें। मैंने कभी नहीं सोचा था कि मेरे द्वारा रचित कोई पुस्तक बनेगी, लेकिन यह ईश्वरीय शक्ति के द्वारा ही मेरी यह दूसरी प्रकाशित पुस्तक है।

कभी सोचा भी नहीं क्योंकि पारिवारिक पृष्ठभूमि कभी वैसी थी ही नहीं। बस घरेलू कार्यो में व बच्चों की परवरिश में ही रह गयी। बच्चे बाहर पढ़ने लगे तब सोचा कुछ समय का सदुपयोग किया जाये और लिखने लगी। सर्वप्रथम अखबार में भेजा तो सम्पादक महोदय ने हाथों हाथ लिया और छाप दिया। जोरहाट वालों को पसन्द आया और लोग मेरी हौसला अफजाई करने लगें, जिससे मुझमें आत्मविश्वास पैदा होने लगा और फिर अखबार वाले मुझे विषय देने लगे और मैं लिखने लगी। और उन लोगों ने संवारने वाला कार्य किया तब मेरे लेखन में सुधार होता गया और उन्हें मेरी शैली भी पसन्द आने लग गयी थी।

मुझे सकारात्मक रहना पसन्द है। जो मेरे अंदर है वही बाहर है। ईश्वर का साथ हमेशा मिला और फिर औरों का भी साथ मिलता गया। जिनमें मेरे कई अजीज मित्र हैं– सम्पादक महोदय प्रमोद कुमार सिंह, रुनू बरुआ, सुष्मिता धर, सुष्मिता दास, प्रतिभा प्रसाद व रीता सिंह सर्जना जी। इन लोगों के प्रोत्साहन ने मुझे जमीं से ऊपर उठाने वाला कार्य किया, इन सबकी बेहद शुक्रगुजार हूँ।

मेरे स्कूल के शिक्षक मुझे बहुत प्यार करते थे। वो मुझे हमेशा कहते, "ममता तुम बहुत अच्छा लिखती हो। मेरी दिली तमन्ना है कि तुम लिखना मत छोड़ना कभी।"

लिखना तो नहीं होता था लेकिन पढ़ने का बहुत शौक था। अनगिनत पत्रिकाएँ व धार्मिक ग्रंथ पढ़ती थी। पढ़ते–पढ़ते ही लेखन की दुनिया में कदम रखने लगी। ज्यादातर सामाजिक नेतृत्व व अंधविश्वास को दूर करने का कार्य किया और वो ही लेखन में आता गया। लोग पसन्द करने लगे, साथ ही मेरे गुरुदेव संत नंदलाल व बाबा

बलदेव दास की सत्संग से मुझे प्रेरणा मिलने लगी। मेरे मन के भावों को उकेरने लगी।

मुझे आशा ही नहीं पूर्ण विश्वास है कि आपको मेरे मन के भाव जरुर पसन्द आयेंगे।

आप सब को भी यही लगेगा कि कोई तो है जो आप जैसा ही है।

धन्यवाद

ममता गिनोड़िया

‘मुग्धांजलि’ एक उपहार

‘शब्दों की गूँज’ की आशातीत सफलता ने कवयित्री ममता गिनोड़िया ‘मुग्धा’ के मन में हौसलों के पंख टाँक दिए, फिर वे क्यों न उड़ें! साहित्य, संगीत, नृत्य और विविध कलाओं में सहभागी बनकर पूरा कवि भर्तृहरि द्वारा बताये गए पूँछ, विषाणहीन साक्षात पशु की श्रेणी से सर्वथा अछूत होकर मानव की श्रेणी में नाम अंकित कराने में पूर्णतः सफल है। उनके द्वारा विरचित दूसरी साहित्यिक काव्य कृति ‘मुग्धांजलि’ की पांडुलिपि मेरे हाथों में है।

यह न केवल कविताओं का उन्मुक्त संग्रह है अपितु नाम के अनुरूप भावों का उपहार भी है। ‘मुग्धांजलि’ से मुग्ध हुए बिना प्रबुद्ध व रसिक पाठक रह भी नहीं सकता। छोटे–छोटे वर्णभार से सुसज्जित देशी/विदेशी छंदों में आबद्ध रचनाएँ निःसंदेह ही मुग्ध करने में सफल हैं।

कविताएँ सदैव किसी न किसी रूप और कमोबेश मात्रा में सबको प्रभावित करतीं हैं। किशोर वय में सामान्य व्यक्ति तो कदापि अछूता नहीं रह सकता और न ही कोई रहा होगा। प्रायः इसी वय में अधिकाधिक लोग कलम से दोस्ती कर बैठते हैं। ये कवयित्री बहुमुखी प्रतिभा सम्पन्न हैं। ‘हास’ और इनको पर्याय कहना अतिश्योक्ति न होगी। इनकी कर्मभूमि असम का जोरहाट है जहाँ इनके पाँव, इनका तन–मन और इनकी लेखनी निर्बाध थिरकती है। इसी लेखनी की थिरकन का दूसरा पुस्तकीय प्रतिफल ‘मुग्धांजलि’ है जो ‘सन्मति पब्लिशर्स एण्ड डिस्ट्रीब्यूटर्स मेरठ द्वारा प्रकाशित हो रही है।

‘मुग्धांजलि’ में कवयित्री द्वारा विशेषतः वर्णिक छंदों का चयन किया गया है। वर्ण पिरामिड, अनुलोम–विलोम वर्ण पिरामिड, सायलि, तांका, सदोका, मुक्तक, हाइकु और अतुकांत कविताएँ ‘मुग्धांजलि’ में शामिल हैं। मात्रिक छंद का प्रायः अभाव ही है। हाइकु सृजन में इनको कई बार सम्मानित भी किया जा चुका है। प्रचलित हिंदी शब्दों की प्रचुरता के साथ यदा–कदा उर्दू के शब्द सम्मिलित होकर रुचिर व्यंजन में चटनी का काम कर रहे हैं।

'मुग्धांजलि' से एक वर्ण पिरामिड देखें जिसमें मीरा के साथ स्वयं का साम्य स्थापित किया है कवयित्री ने–

'तू
मेरा
मोहन
प्रियतम
मधुसूदन
प्रेम में रँगी मैं
मीरा तेरी बावरी।'

सायलि छंद के माध्यम से कवियत्री अपने अज्ञात साथी के साथ आजीवन सम्बंध जोड़ने का ऐलान कर रही हैं–

'हे
अज्ञात साथी
जन्म से मृत्यु
तक मेरे
हो।'

मिलन, विरह और एकात्म होने का सटीक चित्रण एक तांका के माध्यम से देखा जा सकता है–

'हाथ पकड़ा
आनंद में समाया
साथ निभाया
ओझल रहकर
नजरों में रहता।'

अब एक हाइकु का भी रसास्वादन करते हैं–

'गिद्ध नजर
लड़ाकू विमान
तीव्र उड़ान।'

सुश्री ममता गिनोड़िया 'मुग्धा' जी को एक कवयित्री के रूप में मैं छः वर्षों से जानता–पहचानता हूँ। प्रकृति–प्रेम, नारी–उत्थान और हास्य उनके रुचिकर विषय हैं। 'मुग्धांजलि' में वह लीक से हटती–सी नजर आती हैं। लीक से हटना भी चाहिए। लीक पर चलकर कोई कवि उत्तरदायित्व के साथ न्याय नहीं कर सकता, मौलिक सृजन नहीं कर सकता।

प्रबुद्ध पाठकों से अपील है कि त्रुटियों को नजर अंदाज कर 'मुग्धांजलि' को सस्नेह स्वीकार कर ममता गिनोड़िया 'मुग्धा' जी का उत्साह वर्धन करें। मेरी असीम बधाइयाँ एवं अनन्त शुभकामनाएँ।

– **डॉ अवधेश कुमार अवध**
साहित्यकार, संपादक एवं अभियंता
मेघालय– 8787573644
awadhesh.gvil@gmail.com

अनुक्रमणिका

आजादी

ऐ
दिल
ले चल
कहीं ओर
यहाँ न कोई
काम अब रहा
आजाद होना चाहूँ।

है
मुझे
चाहत
सांसारिक
रिश्तों से मुक्त
झमेलों से दूर
आजादी की उत्कंठा।

है
रह
रिश्तों मैं
तुम मेरे
मैं तेरा ही हूँ
यह ढकोसला
आजाद करती हूँ।

न
कोई
किसी का
सब मस्त
आजाद पंछी
खुला आसमान
स्वतंत्रतापूर्वक।

है
गये
आजाद
मोह माया
दिमागी कीड़ा
कहते हैं बस
दिल से हो न सके।

पिरामिड

मैं
सत्य
कहती
पहले मैं
एकान्त प्रिय
अलग थलग
कोई ख्वाईश नहीं।

मैं
मेरा
अतीत
दर्द भरा
कुछ कहता
इसके पहले
कहीं नहीं है जाना।

तू
साथ
देता है
हर पल
जो भी मन से
तुझको ही ध्याया
हर हाल मैं खुश।

हे
मेरे
जीवन
कुछ सोच
क्या करना है
निर्थक रहना
सार्थक बनना है।

मैं
अब
केवल
देखती हूँ
हर समय
निकट कौन है
परमात्मा का प्यार।

क्यूँ
तुम
नाराज
हो इतनी
जीवन मिला
कर पहचान
जीव को शिव जान।

न
डाल
भुलावे
मैं तू मुझे
क्योंकि जब मैं
भुलावे मैं आती
तुझे भूल जाती हूँ।

तू
मेरा
मोहन
प्रियतम
मधुसूदन
प्रेम के रंग मैं
मीरा तेरी बावरी।

है
ऐसी
बहार
तेरे संग
नाच नचावे
भावों से भर दें
मेरे कुञ्ज बिहारी।

ॐ
मंत्र
है ऐसा
ॐ मैं राम
ॐ मैं है कृष्ण
हृदय–विस्तार
ब्रह्मा विष्णु महेश।

हे
प्रभु
तुम ही
जननी हो
पिता हो तुम
भाग्य विधाता
कैसे करूँ वर्णन।

ये
डोरी
प्रेम की
बंधवा लो
कभी ना टूटे
रिश्ता प्यार भरा
मौका है आनंद का।

हे
पिता
तुझ से
क्या कहूँ मैं
तेरा ऋणी मैं
तेरा कर्ज कहाँ
से चुका सकूँगी मैं।

क्या
कहूँ
हे कान्हा
तुझे देखूँ
या तेरे होंठ
या तेरे नयन
या घुंघराले बाल।

तू
आज
बजा दे
बंसी तेरी
सुरभित सी
मीठी मीठी तान
सुना दे मोरे कान्हा।

मैं
तेरी
दिवानी
राधा प्यारी
मंत्रमुग्ध हूँ
हे मेरे गोपाल
कानों मैं रस घोले।

न
बाँध
सकता
तेरे शब्द
मुझे पाश मैं
लेकिन प्रेम मैं
बंध बंध जाता हूँ।

तू
चाहे
कितना
पुकार ले
किससे कहूँ
मैं प्रेम के बिना
बंधन में ना बंधू।

न
जाने
इन्सान
किन किन
शब्दों से मुझे
दीनबन्धु कहे
त्रिभुवन मोहन।

जो
चाहे
जतन
करवा ले
कभी न रिझूं
शब्दों के जाल में
शब्दों के साथ प्रेम हो।

वो
मुझे
अपने
भजनों मैं
प्रवचनो में
बुलाते रहते
विष्णु सहस्त्रनाम।

हे
प्रभु
तुम ही
जननी हो
पिता हो तुम
भाग्यविधाता हो
कैसे करूँ वर्णन।

मैं
नहीं
आता हूँ
बन्धन में
तेरे बोल से
प्रेम नहीं हो तो
स्वीकार मैं ना करूँ।

वो
कहे
मुझ से
क्या चाहिए?
मैं दानवीर
सोना चाँदी हीरे?
सिर्फ अपना वक्त।

हे
राही
न जाने
हमकब
वापस लौटे
पथप्रदर्शक
तू आगे भी रहना।

मैं
एक
छोटा सा
टिमटिम
करता तारा
उनकी आँखों से
ओझल न हो जाऊँ।

वो
एक
नन्हीं सी
नाजुक है
उसे क्या पता?
अपना ठिकाना
मुझे ढूँढने आई।

वो
आई
देखने
प्यार मेरा
दादी है कैसी
गोदी में बैठेगी
मेरी राज दुलारी।

जाने
लगता
क्यूँ आप से
परिचित या
कहीं पूर्वजन्म
से रिश्ता तो नहीं था।

मैं
तुझे
अपनी
पलकों में
रखूँगी सदा
चाहे कुछ भी हो
मेरे जोगी हो तुम।

तो
तुम
कितनी
सेवा करो
बेकार नहीं
प्राणों में रहोगे
जीवन अनमोल।

दीया
अपना
आकर्षण
हृदय अग्नि
नैना अनमोल
बेकार न करते।

इन्द्र धनुष पिरामिड

क्या
कहूँ
अब मैं
तुम हो न
अपना भार
तुम्हारे ऊपर
सौंप दिया है मैंने
अनुभूति होती है
परमात्मा तुम्हें
कुछ कहना
चाहती हूँ
संशय
नहीं
है।

क्या
कहूँ
अब मैं
तुम हो न
अपना भार
तुम्हारे ऊपर
सौप दिया है मैंनें
अनुभूति होती है
परमात्मा तुझे
कुछ कहना
चाहती हूँ
संशय
नहीं
हैं

हे
प्रभु
मिला दो
दिलदार
किससे कहें
कौन है जो मेरा
हे मेरे परमात्मा
तुम्हें तो सहायता
मिला देना मुझे
हे भगवान
कहाँ ढूँढूं
उसको
मेरा
जो।

अनुलोम विलोम पिरामिड

वो
न तो
दुर्जन
बन सका
न सज्जन था
दोनों से मुक्त है
क्यों मुक्त हो गया वो
क्योंकि वो ईश का है
उसके मन में
अब भलाई
करने की
इच्छा
नहीं
है।

वो
जहाँ
जाते है
स्वतः ही हो
जाता है भला
भगवान–भक्त
जो होते हैं सहज
स्वभाव हो जाता है
लोगों के मन में
भी शीतलता
आती चली
जाती
है।

वो
नहीं
करता
भेदभाव
उदय होगा
जहाँ जहाँ पर
किरणें बिखेरता
पड़ती वहाँ वहाँ
दिन निकलता
चाहता है क्या?
दिवाकर
प्रशंसा?
नहीं
वो।

दो
आप
अगर
सूर्य पर
अर्घ्य चढ़ा दो
प्रकाश देगा ही
न चढाओ तब भी
प्रकाश वो देता है
जरूरी तो नहीं
अर्घ्य चढ़ाना
उसका तो
स्वभाव
देना
है।

ना
होश
था कभी
न की चर्चा
परमात्मा की
संसार में रही
संसार की न रहूँ
मन रम गया है
अब ईश्वर में
भाव की गंगा
बहने दो
व्याकुल
हूँ।

हे
प्रभु
भाव दो
मेरे प्रिय
पाना है तुझे
अनुभव करा
प्रकाश भर देना
ऐसा प्रकाश फैला
भीतर ही भीतर
तेरे रुप को
देख पाऊँ
मिलन
होता
तो

मैं
एक
दीपक
प्रकाश दूँ
हवा का झोंका
आया ऐसा कि मैं?
बुझता ही गया था
प्रकाश देने वाला
मायूसी सी छाई
बहुत दुखी
काम आता
किसी के
आज
में।

जो
कार्य
ध्यान से
करते हैं
ईश्वर पर
ईश्वर भी हमें
देख सुन लेता है
हरपल साथ है
मन का तार है
दुनिया हमें
देख नहीं
सकती
चाहे
हो

है
सृष्टि
तेरी ही
तेरा रुप
कण कण में
विराजमान है
मन का कोना खाली।
दया माँगने आई
देता साथ तू ही
याद दिलाने
आई द्वारे
ईश्वर
तेरी
हूँ।

सायलि छंद
तस्वीर

आँखों
में बसी
तेरी मूरत जो
भाव जगाती
है।

मेरे
दिल में
बसी तेरी मूरत
बातें करूँ
हजार।

हे
अज्ञात साथी
जन्म से मृत्यु
तक मेरे
हो।

मेरे
मन के
अन्दर में बैठी
हुई तस्वीर
तेरी।

तस्वीर
सामने आती
रह न पाती
कसूर क्या ?
मेरा।

मेरे
प्रियतम ने
तस्वीर न देखी
मेरा दिल
देखा।

मेरे
घर में
लगी तस्वीर कहती
निरख लो
मुझे।

ममता
तुम क्यों
बदल गयी हो
मुझे देखा
करो।

तस्वीर
कहती है
मेरी धूल साफ
नहीं करती
तुम।

इंसान
की मूरत
कुछ कहती नहीं
पर आभास
देती।

तस्वीर
के पीछे
छिपकली की पीढ़ियाँ
मजे से
रहती।

घर
के मंदिर
में देखा है
ईश तस्वीर
को।

हमेशा
देखती हूँ
अपने सुख दुःख के
साथ रहती
है।

बातें
सारी करती
तस्वीरों से मैं
जवाब मिलता
है।

चर्चा
करूँ तुमसे
हर दिन रात
अनुभूति होती
मुझे।

मन

मन
का कोई
रूप नहीं होता
है लेकिन
सच।

मन
चार प्रकार
के होते है
एक गदहे
जैसा।

जो
कूड़े करकट
में चक्कर काटता
सुखी रहता
है।

दूसरा
मन होता
मक्खी जैसा भी
इधर उधर
रहता।

तीसरा
भ्रमर जैसा
प्यार किसी एक
से नहीं
करता।

चौथा
मेंढ़क जैसा
कभी कीचड़ में
नहीं है
फँसता।

हे
ईश्वर आप
मेंढक जैसा मन
सबको देना
जरुर।

ताज्जुब
होगा सुनकर
मेंढक पड़ा रहता
तालाब में
शान्तचित्त।

उसे
आवश्यकता हुई
आया जमीन पर
फिर पानी
में।

उसी
तरह से
हमारा भी मन
शांति प्रेम
हो।

भी
छलाँग लगाये
अपने प्रभु के
प्रेम की
तरफ।

मन
शान्त होगा
हम सब भी
प्रभु सम्मुख
होगे।

प्यार

जो
देते है
सहज रुप से
प्यार करना
वो

है
अनुपम धन
सच्चा प्रेम वो
जो सबसे
करे

जिसे
मिल जाता
वो मालामाल
हो जाता
है

प्यार
जिसे हो
वो महान है
वर बन
जाता

एक
ऐसा धन
है जो सबके
नहीं पास
होता

लिखना
सहज नहीं
बताना भी नहीं
दिखाना नहीं
प्यार

प्यार
होता है
मीठी अनुभूति जो
वर्णन आसान
नहीं

प्यार
अमूल्य निधि
ऐसा धन है
चुराया नहीं
जाता

प्यार
एक ऐसा
मीठा एहसास है
भूलने नहीं
देता

हे परवरदिगार

हे
मेरे प्रभु
तूने जन्म दिया
उपकार तेरा
है।

सुखी
है मेरा
परिवार जो है
तेरा भी
है।

सदा
साथ रहना
हे मेरे प्रभु
पग पग
पर।

तुम
क्या जानो
कौन हो मेरे
हे प्रिय
सखा।
साथ
तेरा मिलता
तुझ बिन में
कुछ नहीं
हूँ।

हो
अगर तुझे
लगता है कुछ
साथ मत
देना।

घमंड
करूँ तो
तोड़ देना मेरा
सारा भ्रम
अंहकार।

जिन्दगी

बचपन
से लेकर
आज तक की
जिन्दगी बेकार
हुई।

कब
सोचा था
कैद में बीतेगा

सारा जीवन
उसका।
प्यार
करते रहे
हर उन लोगों से
जिसे अपना
समझा।

जिन्दगी
का हर
लम्हा न्यौछावर किया
हाथ आया
घुटन।

जिन्दगी
हँसते हँसते
रोना सीखा है
और सहेंगे
बस।

इस
दुनिया में
सब मतलबी हैं
मैं भी
हूँ।

भला
मत करना
कभी किसी का
यादें बनी
रहती।

क्योंकि
अच्छी बात
सब भूल जाते
है लोग
जो।

ईश्वर
का साथ
चाहिए था मुझे
वो मिल
गया।

विधा-तांका

प्यार का खेल
रच बस गया है
अजीब खेल
हर दिन उसका
हर पल साँसों में।

मोह का प्रेम
सीमा से असीम की
रुप अरुप
फलता फूलता है
वो अपने आप में।

हाथ पकड़ा
आनंद में समाया
साथ निभाया
ओझल रहकर
नजरों में रहता।

माली की दृष्टि
आँखें पहरेदार
भूमि को सींचा
प्रेम की ताजा धूप
तन मन के पास।

प्रेम अपार
बुझने नहीं देता
शक्ति भरी है
बीज से वृक्ष तक
जीवनपर्यन्त से।

क्षणिकायें

जिन्दगी में ऐसे लोग
भी मिलते है
जो जान बूझकर
लोगों को सताते हैं
हम बने
इसलिए ही हैं

बेखुदी का बहाना करते
अपनी नुमाइश
करने से न चूकते
दूसरो को जलाते
खुद भी जलते
हैं रहते

हठ योग न कर
आत्म दर्शन करें
हठ योग से विवश
रावण ने शिव को किया
अंत में अकेला
रहना पड़ा
रावण को

सच्चा प्रेम किसी के भीतर
जब जागृत होता है
वो कभी नहीं सोता है
अलग न करें उसे
अपनी वाणी से
जब रूप सामने आता है
अंधेरा छटता जाता हैं
मुख हमने बहुत देखें
जो भावना को न देखें
अन्तर्मन अस्त व्यस्त
हो जाता है

जीवन का तीर ईश्वर है
यात्रा वो करवाता है
तीर्थ भी है रथ भी है
मन का कल्मष
धोते रहना हम सबका

जिन्दगी
सौंप दी है हाथों में
क से लेकर ज्ञ तक
पता चला मेरा
ठिकाना है कहाँ
सिर्फ ख्वाबों में
यह खूब रही

चले थे जहाँ से कदम
घुटनों के बल पर
फिर वही आ गये
कहने लगे जिद
न किया करो
बच्ची नहीं हो

चाहत थी कुछ
और कहने की
हवाओं ने रुख बदला
प्यार को प्यार रहने दो
दर्द पीना लिखा है
मगर सागर
बन जाने दो।

प्यार कभी खींचता है
दुनिया हँसती
मजाक बनाती है
मन का आवेग
कभी कभी
परवश कर देती है।

रास्ता बताने वाला
रास्ता बता गया
खुद छिप गया
ढूँढ रहा है मन मेरा
अब वो कैसे मिले।

उसे देखना चाहती हूँ
उसे मिलना चाहती हूँ
कब तक वियोग सहूँगी
कब तक प्रेम में जलती रहूँगी।
हे मेरे हमराही।

किस की कथा कहूँ
फिर में तेरी बात कैसे कहूँ
तेरी चर्चा किस से करूँ
तुम मेरे जीवन में क्या हो ?
क्या लगते हो मेरे क्या कहूँ।

दुनिया की झूठी बातें ना कहूँ
दुनिया की झूठी प्रशंसा ना करूँ
निरर्थक वाद विवाद ना करूँ
मुझे चुप रहने दे झूठा राग न गाऊँ
मुझे शान्त रहने दे
मुझे शान्त रहने दे।

घड़ी भर थोड़ा
विश्राम कर लूँ
मन दौड़ता रहता है
पैर थक थक जाते हैं
जग का गज है
पेट भरता नहीं है।

जिस दिन तुम मुझे
भूलते जाओगे
उस दिन मैं खत्म
होती जाऊँगी
ब्रह्म को मैंने न कभी जाना है
मिट्टी के तन में
रुह तड़पती रहेगी।

क्षणिकाएं
छवि चिंतन

कुहासा छा गया है
प्रकृति ढक गयी है
कुदरत की गति है
कब आती कब जाती है
पता नहीं आते आते
रुक सी जाती हैं

मगर अंधकार नहीं
ईश्वर का प्रकाश है
रुकना नहीं है
पथ का पथिक
चलते रहना मंजिल तक

वृक्ष पर कुहासा छाया
निर्जीव से लगने लगे हैं
आँखें तरसती रही
भीतर बाहर देखती रही
मन पर कुहासा छाया ही था
अगले पल समझा भी गया

पेड़ पौधे रसीले होंगे
दिल झूम उठा
खिल खिल उठा
प्रकृति सारी तर लगने लगी
दिल जीवन्त हो उठा
प्यार जो करना था
कदम ताल बढ़ने लगें
सुरमई रंग दिखने लगें।

मुझे है तुमसे मोहब्बत इतनी
तुम जो कहोगे मैं वो कहूँगी

मेरा दिल तेरा है तेरा दिल है मेरा
साँसो में बसे तुम धड़कन है तेरी

मैंने जब से तुमको है चाहा
तेरे सिवा मैंने किसी को न माना

तू मेरा आधार तुम मेरा सहारा
द्रौपदी ने जब तुमको पुकारा

प्राणों में बसे तुम भावों में बसे तुम
ओ मेरे कान्हा नंगे पाँव आना

तुम मेरे अवलम्ब हो अविलम्ब न करना
तेरे बिना में कुछ भी नहीं हूँ
दृढ़ विश्वास है तुम ठाकुर मेरे

तेरा प्यार करना मुझे भाता गया
तेरे संग रहना मुझे आता गया
दिल में समाये रहते हो तुम
तेरा नजराना मुझे भाता गया

तेरी मेरी प्रीत पुरानी है
तेरी मेरी यही जुबानी है
लाख भूल न पाओगे तुम
तेरी मेरी यही तो कहानी है

हर पल साथ रहते हो तुम
कैसे भूला दूँ उन पलों को
जो साथ रहकर जिया है
साँसो में समाये रहते हो तुम

मुझे है तुमसे मोहब्बत इतनी
तुम जो कहोगे में वो कहूँगी।

छवि चिन्तन

जब से यह हाथ एक दूसरे के
हाथों में आया है
शामत नारी की आती है
कहने भर को है
घर की मालकिन है
शामत आती हैं
गर किसी ने चलता पंखा छोड़ा
शामत ......

गर किसी ने लाइट बंद नहीं की
शामत मेरी ....
गर थाली में जूठा छोड़ा
शामत आती है
गर किसी ने मैगी खाई
शामत आती हैं
गर किसी ने बाथरूम में कपड़े
छोड़े
शामत .....

गर किसी ने चप्पल सीधी नहीं
की
शामत .....
गर किसी ने पानी का गिलास
डाइनिंग पे छोड़ा
शामत .....
गर किसी ने पानी जूठा छोड़ा
शामत .....
गर घर में बच्चा रोया
शामत .....
गर घर में नौकर चाकर से
किसी की भी नोंकझोंक हो
शामत .....
गर बच्चा तंग करे अपनी माँओ
को
शामत आती हैं
गर मालकिन बीमार हो जाती है
शामत ही आती है
कोई पूछने वाला नहीं
कोई न सेवा करने वाला
गर किसी का काम न कर पाएं
शामत ....

क्षणिकाएं

स्वार्थी

सारे रिश्ते नाते
जैसे बरगद
की डालियां हो
साथ निभाना
बरकरार रखना
आसान नहीं होता

ईश्वर के बनाये
रिश्ते भी
लायक होते
कभी नालायक होते
निभ जाते हैं

मानव बड़ा भोला है
धरती पर पाँव धरा
अपनी जागीर
समझ बैठा
कब रिश्ता बना था?
जब पता भी न था

क्षणिकायें (मौलिक)

आखिर कब आओगे तुम?
मेरे बिन कैसे रह लेते
दिन घड़ी बीत रहे
उम्र दर उम्र पार लग रही
चेहरा भर गया झुर्रियों से
आँखें जवाब देने लगी मेरी

आखिर कब आओगे तुम?
दिल तुझको पुकारे
नैणन नीर भरी–भरी
पास तुमको देखूँ घड़ी
वियोग न सह पाऊँ कभी
दर्शन की आश लगाए खड़ी

आखिर कब आओगे तुम
युग के युग अब बीत रहे
पलकें पथरा गयी मेरी
आ जाओ न प्रियवर तुम
पल पल याद बनी रही
आखिर कब आओगे तुम?

बारिश मानिंद अँखिया बरसे
साजन तेरे बिन में नैणन बरसे
तेरी खुशियाँ है मेरी खुशियाँ
तेरा साथ रह गया उम्र भर
तेरे संग हो गया गठबंधन
मगर आखिर आओगे कब?

सदोका-षष्ठपादि

प्यार करना
अपना समझना
हर बात कहना
गलत नहीं
वर्षो पुरानी दोस्ती
नजरअन्दाज किया
यह ठीक है?

मन व्यथित
भूला नहीं पा रही
लाख समझाती हूँ
दुनियादारी
भूल कर सम्भल
सम्भल कर भूल

ऐसा कहना
साथ–साथ का वादा
जब तक जीवन
कैसे मान लूँ?
क्यों प्यार का दिखावा
यह छलावा

महत्त्वपूर्ण हर एक का काम
अलग अलग है
एक के बिना
दूसरा अधूरा है।

सृष्टि बनायी
रंग–रंगीली छवि
भिन्न–भिन्न बनाई
पक्षी बनाये
मछलियाँ बनाई
मानव को बनाया।

रूप अलग
खानपान अलग
आवाजें भी अलग
पशु बनाये
रंग रूप अलग
लक्ष्य भी है अलग

असंख्य फूलों
रंग बिरंगे पत्ते
एक साथ डाली पे
बैंगनी लाल
सुन्दरता अलग
पत्ता–पत्ता सुन्दर।

कली खिली हैं
कोपलें निकली हैं
पीले पत्ते हैं झड़े
बिलकुल खाली
सौन्दर्य अछूता है।
हर डाली रंगीली।

भगवान ने
सब में काम बाँटा
कोई अध्यात्म चर्चा
सफाईकर्मी
कोई इंजीनियर
तो कोई है किसान।
ये तितलियाँ
संग में भंवरो के
जीवन व्यतीत है

भरे हैं काँटे
यहाँ से वहाँ तक
निकलना नहीं हैं

हे प्रियवर
ले चल मुझे संग
जहाँ तुम रहते
बस में रहूँ
जन्मों तक रखना
भूल न जाना कान्हा

भक्त अभक्त
हरे भरे जग में
भीतर का शैतान
काँटे ही काँटे
न खुद लेता चैन
न किसी को लेने देता।

एक ही जैसा
बना दिये जाते तो
कैसे विशेष होता ?
कोई पतला
तो कोई मोटा–नाटा
कोई काला व गोरा।

कोई मूर्ख है
कोई गुणवान है
तो कोई निपुण है
कोई पागल
विषयों में माहिर
रहस्य में रस है।

हर एक का
अछूता सौन्दर्य है
फिर विचार मन
नत मस्तक
सागर का अपना
तालाब का अपना।

नदी ही होती
झरने न होते तो
जिज्ञासा रह जाती
आकर्षण है
झरना का सौन्दर्य
पहाड़ की हार में।

हैं जुड़े हुए
अलग होते हुए
हम सब एक हैं
आत्म रूप से
व्यक्तित्व अलग
तभी आनंद आता।

परम पिता
प्रभु की छत्र छाया
मिलती हैं जिनको
महाशक्ति है
चाहे राम कह लो
कृष्ण नाम का जप

प्रेम है आता
आनंद दायक है
श्रद्धा से जो लेता है
जीना सिखता
जीवन रसमय
बनता जायेगा।

तेरी-मेरी (सदोका)

न कहा होता
न मैंने कहा होता
न तुमने सुना हो
न मैंने सुना
प्यार का इजहार
नहीं करना होता।

अज्ञात साथी
पता जो कभी न था
समय बीत चला
वर्षों निकले
खोज तेरी की मैंनें
मिलन नहीं हुआ।

देह से परे
श्रद्धा–विश्वास रखा
खुद ही पास आयें
मैंने भी चाहा
हृदयसम्राट थे
राजकुमार भी थे।

कौन हो तुम?
कहाँ रहते तुम?
आप वहीं तो नहीं?
हाँ मैं वो ही हूँ
मैंने कहा क्या आप?
पूछा मैंने वो ही हो?

आश्चर्य हुआ
वर्षों से तलाश थी
पर दृढता न थी
छोड़ दिया था
यहाँ नहीं रहते
चले गये है कही।

पूछा था मैंनें
कहाँ चले गये है?
नहीं बताया गया
ज्ञात नहीं है
फिर मैं भूल बैठी
व्यस्त जो होती गयी।

अचानक से
मिल जाता है कोई
हर्षा जाता है मन
सोचा न कभी
होता चला गया था
धीरे धीरे लगाव।

कहते रोज
एक छोटी ही बात
हर दिन होती थी
वो
फूल ही फूल
बिछ गये राहों में

आनंद ही आनंद
सुख की बातें
हरियाली के पौधे
खिलखिलाते हुए।

दुःख की बात
करने वाला व्यक्ति
वह तो थकेगा ही
काँटों की बात
करो न मेरे भाई
दुनिया है रंगीली।

देखना हो तो
हरि की हरियाली
तन मन स्वस्थ है
हरि की याद
लेकिन जो न करे
बंद कैदी के जैसे।

तलाश हो गयी पूरी,
जब जब मिले तुम
मीरा प्रेम दीवानी
आधी जो पूरी हुई
आधी जो पूरी हुई
कृष्ण रंग में रंग गई।

वक्त गुजरता जा रहा है
मैं तन्हा होती जा रही हूँ
हर दिन सुबह से शाम होती हैं
जिन्दगी कम होती जा रही है

सब व्यस्त होते जा रहे हैं
समय जैसे दौड़ लगा रहा है
जिन्दगी अब ऊबने लगी है।

पौष मास की अष्टमी
वार है वृहस्पति
राज माल
दिल्ली जल रही है।

मिलन के गीत

तेरा मेरा मिलन कयामत की रात होती
तेरा मेरा जन्म–जन्म का साथ होता
हर पर दिल में समाये जो रहते हो
मुझे गले का हार बना लेना तुम
तेरी बाट निहारूँ घड़ी–घड़ी
आज आई मिलन की घड़ी
फिर न मिलेगे कभी नहीं
तेरी मेरी प्रेम कहानी है
दुनिया कहे जुबानी
मिलन होना होगा
कंधा मुझे दे देना
लकड़ी देना तुम
अग्नि तेज हो
समझ लेना
मिलन हुआ
अंगीकार
किया मैंनें
तेरे साथ
हर रात
सदैव
लिए
के

तुम हो साथी मेरे तुम हो सारथी मेरे
मैंने दिल क्या दिया तुम हो गये मेरे
लाख चाहा मैंने मगर भुला न सकी
इस जन्म से तेरी उस जन्म तक तेरी
तुम हो आरजू मेरे, मैं हूँ आरजू तेरी
तेरे लिए दिल तड़पता रहा है सदा

तेरा आने से में तेरी हो गयी सदा
दिल की धड़कनों में हो तुम
यह राज में न जान सकी
हर कदम साथ देते रहे
मेरा दिलदार हो तुम
मिलन होगा तेरा
गले बाहें डालूँगी
हार पहनाऊँगी
मिलन के गीत
गाऊँगी सदा
तेरे अंग संग
रहना है
रखना
मुझे
ही

मुक्तक

शंकर सूत बुद्धि प्रज्ञाता।
देव गजानन तुम विख्याता।
घर–घर पूजा होती तेरी।
पूर्ण मनोरथ कर दो मेरी।

साहित्यकारों से पहचान हुई
इस छोर से उस छोर पहचान हुई।
मुक्तक की पाठशाला पियूष जी
ताउम्र नहीं भुलने वाली शान हुई।

प्रथम पाठशाला मुक्तक की
आभार रहेगा इस कृत्य की।
मुक्तक सीखा आप ही से
कृतज्ञ हो गयी में आपकी।

फूलों में उसकी की सुगंध है
यह आसव यहिं तो मकरन्द है।
महक गयी बगिया है सारी
फिजाएं महक उठी मंद है।

ज्ञान की पहिचान?
भान रहें न मान।
ध्येय पूरा हो गया
कान रहे न शान।

गीतिका

हृदय में व्याकुलता है
प्रेम का भाव बढ़ता?
हृदय खाली न होता है
किस विधि आते भगवन?

वृक्ष ने डाला बीज है
जग की शोभा बढ़ती
बीज से बनता संसार
सुखमय हुआ संसार।

संसार है एक उपवन
हम माली के पुष्प है
इसे निरर्थक न समझे हम
खिल खिला कर रहें हम।

छंदमुक्त
विषय-गति

आँधी जब आती हैं
धूल धूसरित हो जाती हैं
आँखें बन्द हो जाती है
तिनके तिनके उड़ने लगते
हवाएं आती जोर शोर
गति गतिविधियाँ लाती है

सागर की लहरें
कभी मंद होती
कभी तीव्रता दिखाती
कभी सुनामी लाती हैं
गाँव शहर बह जाते है
कोई आता पता
न चलता है
किस को कहां
ले आती है
किस को कहां
लेकिन जाती है

जिन्दगी की आपाधापी
गति है बड़ी तेज
नहीं है जोर पैरों में
न कोई संगी साथी
ईश का है तेज बड़ा
कभी इस पार
कभी उस पार

कोलाहल का वेग
शोर बहुत करता है
शांतमय जीवन
रहने देता नहीं
धरती सारी गतिमान
अंतर्मन की अकुलाहट
गतिमान रहती
अंतर्मन की बातें
हर दिन सुनती

विधा पियूषवर्ष छंद

ज्ञान का अभिमान
कभी न करना
मान रख तन व मन
का ध्यान करना
विचलित हुआ ह्दय
तनिक मान करो
प्रभु करूँ जो ध्यान
भला काम करो।

बस कुछ ऐसे ही जज्बात

लिखाना है जो लिखा दो
कई राज है सीने में
बरसों से छिपा रखा था
आज आयेगें सामने
रूबरू होंगे हम दोनों

जायेंगे इस दर से
आयेंगे उस दर पे
रुलायेंगे बच्चों को
उधर भी हम दोनों
इधर भी हम दोनों

स्वीकार नहीं होगा
न इस दर पे
न उस दर पे
जिन्दगी तबाह होगी
सच्चाई कुछ और होगी

जिद न करना कभी
पड़ाव है आखिरी
इक दिन सबको है जाना
नफरत लेकर नहीं
दफन है करना
इस सच्चाई को

गर आप भूल जाते
हम भी भूल जाते
सच्चाई कुछ और ही है
न इधर के रहे
न उधर के रहे।

कह मूकरी
रात भर वो घर नहीं आता।
कभी गगन में वह दिख जाता।
कभी–कभी पड़ जाता मंदा।
क्या सखि! बादल? ना सखि
चंदा।

हाइकु

कामख्या माँ
जीवन का सच है
अद्‌भुत है।

लाल कपड़ा
लेने को आतुर है
दुनिया सारी।

कलिकाल का
विलक्षण नजारा
न देखा कही।

मकड़ी –जाल
घर के छज्जे पर
मकड़ा बैठा

केले हैं छोटे
गुंबद सरीखा सा
पेड़ है बड़ा।

वृक्ष है छोटा
भीम केला है बड़ा
प्रभु की माया।

बच्चा है भूखा
माँ दूध पिलाती हैं
ग्वाला के घर।

दूध का डिब्बा
माँ दूध पिलाती है
बच्चा है रोता।

बूँदों का स्वर
धरती लाल हुई
रक्त से भरी।

बूँदों का स्वर
कण कण में दिखे
पेड़ का डाल।

बाढ़ आती है
काटते हैं किसान
फसल हरी।

सड़े अंगूर
शराब की बोतल
बना जहर।

अंगूर रस
कहते सोम रस
मयखाना है।

बारिश आती
बिजली चमकती
मरते लोग।

खड़ी फसल
काटते हैं किसान
अनाज लाता।

सुनामी आई
कहर सा बरपा
ऊँची लहरे।

बूँदों का स्वर
वीर शहीद हुए
विश्व में गूँजा।

बड़ा भूकंप
सिन्धु की तलहटी
धरती फटी।

बाढ़ प्रकोप
शव तैरता आया
देखते पक्षी

मिट्टी के घर
खपरैलो की छतें
आँगन बाड़ी

जल सैलाब
भूस्खलन कटाव
ध्वस्त मकान

आँगन बैल
लहलहाते खेत
दुधारू गाय

बहता जल
रजाई गद्दा बहा
अटक गये

संगीतमय
गले बंधी घंटियाँ
हाँकते बैल

कुत्ते भौंकते
चौकीदार बरसे
बंदूकधारी

वायु का गोला
धधक रही ज्वाला
पूर्णाहुति में

लकड़ी फ्रेम
ऐनक वाला बुढा
लाठी टेकता

निठूर पेड़
बिना परिधान के
खूंटा सा खड़ा।

काठ गोदाम
हल्दी व दालचीनी
मसाला बना

बाँस की डाली
हाथ में रखी छड़ी
बैल हाँकते।

सफेद हंस
कतारबद्ध चलें
नृत्य करते

तेल का कुआँ
भूमि पर बिखरा
पीती है गाड़ी।

उड़ती वाष्प
विशाल है समुद्र
जल की बूँदे।

सब्जी बाजार
लाल हरा पीला है
सदाबहार

हिन्दी दिवस
तुलसी कृत ग्रंथ
रामायण है।

गुलाब फूल
लाल सुर्ख है होंठ
शर्मिली नार

कौमारी तीर्थ
विश्व का सर्वोच्च है
महाभैरवी।

कपाट बंद
अपने आप होते
आज का सच।

कामख्या माँ
जाति भेद नहीं है
स्वरूपिणी है।

आश्चर्यजनक
रक्त बहता माँ के
योनिगर्भ से।

कुल व वर्ण
आदिशक्ति प्रतीक
कौमारी पूजा।

अघोरी आते
साधना सिद्ध होती
शक्ति महान।

भगवती के
गर्भगृह कपाट
बंद हो जाते।

चतुर्थी दिन
कपाट खुलते हैं
दर्शन देती।

शक्ति पीठ है
तांत्रिक साधना है
महत्त्व भी है।

अपार खुशी
जयकार होती है
कपड़े लाल।

तीन दिन का
महत्त्व भी बड़ा है
रजस्वला का।

याद में रत
आ जाओ प्रियवर
न तड़पाओ।

उदास बाला
चंदा से कहती हैं
मैं चाँदनी हूँ।

मेरी अवस्था
चाँद क्यों हँसते हो ?
देखकर तू

छूलो न मुझे
ऊपर बैठे हो तुम
पाना चाहती

ताश के पत्ते
खेलते है पुरुष
वृक्ष के नीचे

आसमान में
उड़ते है मानव
नभचर है

हाथों में पत्ते
बटोरते रूपये
जुआ खेलते

करवाचौथ
छत पे बैठी नार
बाट जोहती।

झोपड़ पट्टी
दीप की रोशनी में
खाँसता बूढ़ा।

अकेली बैठी
दूज के चाँद जैसे
उदास नार

चाँदनी रात
अवसाद भरी है
चंदा पे बैठी

प्यार का रास्ता
कैसे मिलने आवूँ
सस्ता नहीं है

हे प्रियतम!
अपनाये रखना
भूल न जाना

दूज का चाँद
चंदा की चाँदनी में
दुःखी प्रेमिका

माथे पे जूड़ा
हाथों में है कलम
क्या सोचती हो?

पढ़ती पाती
प्रेम में मगन हो
याद करती

हर श्वास में
तेरी हो गयी आश
जगाई कैसे।

लिखना अच्छा
शर्त थी उनकी
मुझे याद है।

अभी आ जाओ
खास मेहरबानी थी
यह उनकी।

जरूर पूछता
उनकी कुशलता
फोन पर ही।

अज्ञात शक्ति
दर्शन में विलम्ब
से बुला लेती।

मीठे प्यार की
मीठी सी अनुभूति
भुला न पाते।

अपना लिया
अपना बना लिया
प्रेम की बूँदे।

अनजाने में
मन का अहसास
कुछ भीगा सा।

घबड़ा उठी
अब भी आँखें बंद
प्रेम रस में।

पड़ी निकल
सुनसान रास्ता
दिल बेकाबू।

जिन्दगी मिली
इसका आनंद लें
मुश्किल नहीं।

करिश्मा देखो
खर्चा लगे न दाम
प्रकाश पाएँ।

वृक्षों में फल
भूमि उगल रही
नदी बहती।

नक्षत्र तारे
शांति देते हैं हमें
लेकिन हम।

प्रभु को नहीं
सर नीचा केवल
भूमि देखते।

महाविराट
आसमान के जैसा
उसको देखो

सहस्त्र भुजा
उसकी ओर देखो
विचार बढ़े।

कमजोर हूँ
जीवन बिता देना
यह सही है।

मैंने कहा था
दो शब्द ही बोलूंगी
क्षमा कीजिये।

सर ने कहा
ना सुधरोगी तुम
हँसने लगे।

गंवार प्राणी
कामना इतनी सी
रथ पी के सोये।

जग बसाया
अनगिनत हुए
क्यों चुप रहूँ ?

दीपों की माला
सज गयी आरती
माला में मोती।

मेरे हाल से
मौत है बेहतर
ढूँढे ना मिली।

ताश के पत्तों
का है खेल निराला
लुट गई मैं।

जिन्दगी भर
हकलाती सी हुई
मैं कुछ कहूँ।

आँख मिचौली
आई अरसों बाद
एक झलक।

सच तो नहीं
काँटों से गुजरना
दल में गई।

दिल कहता
देखो हँस न देना
बस तेरे है।

क्या कहती हो
पागल मत बनो
प्यार में तेरा।

आप सबों का
मिलता आशीर्वाद
देता करार।

जरूरत है
एक नये विचार
समझने की।

तुम कुम्हार
माटी हुई निहाल
मैं धरती की।

प्रकाशमय
एकान्त वार्तालाप
तेरा है साथ।

हे परमात्मा
वाणी शुद्ध करना
नहीं हो खता।

प्रेम मिलेगा
आजु बाजू से नहीं
हमारे पास।

लोकप्रियता
कौन किसके पास
कौन जानता।

साथ मत दो
बात नयी नहीं है
उपेक्षा सही।

कौन पराया
बिना किसी लगाव
गवाह कौन ?

अखरोट खा
दिमाग तंदरुस्त
अच्छा विकल्प।

तिल–तिल से
हम गिरे लक्ष्य से
उत्थान करो।

मन कहता
हल्का फुल्का रहना
ममता तुम।

दौड़ता मन
सम्भाल सका नहीं
मन बच्चा है।

मायाजाल से
अजीब सी तरंग
मन में एक।

मन की गति
हँसता रहता है
मन ही जाने।

मोहमाया में
फँसा हुआ इंसान
रोता है मन।

माँ की अंगुली
मत छोड़ना कभी
वो तेरी माँ है।

विश्वरचना
इस जैसा न दूजा
प्रणाम करे।

अभूतपूर्व
ऐसा प्यार न देखा
भूल गये तो ?

ईश्वर घर
माफी नहीं मिलेगी
कभी भी नहीं।

माँ का दुलार
हर बच्चे के प्रति
एक समान।

गोदी में लेती
बाल सँवारती है
चुम्बन लेती।

लोरी सुनाती
तू जागे वो भी जागे
भूलना मत।

पूर्णरूप से
समर्पित रहना
वो तेरा रूप।

माँ मंदिर है
रोज चरणस्पर्श
करना आप।

बेंत की कुर्सी
बगीचे की शोभा है
बाँस का पेड़।

चीटियां बैठीं
अमरूद का पेड़
गुच्छेदार है।

गिद्ध नजर
लड़ाकू विमान
तीव्र उड़ान।

सरसों खेत
जौहरी की नजर
सोने की खान।

चींटा चीटियां
अमरुद नीचे पड़े
चोंच मिलाते।

कुहासा छाया
मेघ जमीं पे आए
धुंवा सा लगा।

मछली फँसी
ऋषियों की समाधि
बगुला भक्ति।

माघ की रात
चाँद है शरमीला
ओस है छाई।

तेरे दर्शन
अहो भाग्य मेरा है
मैं प्रसन्न हूँ।

तभी लगता
बोध प्रसन्नता का
जीवन सच्चा।

कलियाँ तेरी
तो खिलने के लिए
आकुल नहीं।

कलियुगी हैं
खिलना आता नहीं
नजरअंदाज।

हे त्रिकालज्ञ तू
मैं तेरा ही रहूँगा
अंश हूँ तेरा।

मेरी प्रकृति
विचलित करती
रहती मुझे।

हर मानव
दुख स्वरूप नहीं
तेरा रूप है।

हर समय
मेरी अनुभूति का
प्रश्न ही कहाँ।

दुःख का भाव
विचलित न हो
सुख दुःख को।

आनंदमग्न
हर घड़ी रहेगी
पहचान लो।

तनिक दुःख
मानव विचलित
होता है कहीं।

खेल दिखाती
जीवन में प्रकृति
गहराई से।

जान में लेती
खेल समझती हूँ
दुख सुख को।

रास्ता सीधा हो
टेढ़े मेढ़े रास्ते पे
चलना नहीं।

हे गुरुदेव
भितर की तरंग
हरि का पता।

तन्मय मीरा
कब होंगे दर्शन ?
प्राणों के साथी।

तय होती है
विश्वकर्मा जयन्ती
17 सितम्बर को।

शिल्पकार है
उनमें रचयिता
आचार्य भी है।

उत्कृष्ट शिल्प
शुक्राचार्य के पौत्र
विज्ञानाचार्य।

विश्वकर्मा जी
ऋषि अथवा पुत्र
अठारसी माँ।

वे निर्माता हैं
भवन का निर्माण
वाह लौह।

मान के दिन
हर्षोल्लास सहित
धूमधाम से।

शोरूम पर
औजारों की सफाई
रंगरोगन।

अनेक रूप
हर रूप है प्यारा
गुणों के खानी।

सतयुग का
स्वर्गलोक निर्माता
त्रेतायुग का।

लंका निर्माता
द्वापर की द्वारिका
कलयुग का।

हस्तिनापुर
रचना इनकी देखो
नतमस्तक।

हाथ पकड़ा
छोड़ना न चाहिए
पकड़ा ही क्यों है।

जीवन यात्रा
कितनी खुश थी में
परिवार था।

तड़पती हूँ
साजन तेरे बिन
परदेशी है।

शाम सुबह
बस इन्तजार किया
कुछ न मिला।

प्यासी रही मैं
खूब लुटाया मैंने
हूँ न्यौछावर।

खेल खेलना
आज तक न आया
हर सितम।

सहती रही
आखिरी सितम हो
लौट आईए।

मृग तृष्णा हूँ
पीछा करती रही
हाथ न आया।

आज का युग
सब मतलबी हैं
न कोई मेरा।

कैसा प्यार है
प्यार एक नशा है
छूटे न छूटे।

खुदा कसम
कोशिश कर देख
हर्ज ही क्या है ?

बँधी ये डोरी
दिल में छाने लगी
जिन्दगी सुखी।

चाहूँ तुमको
प्रियतम बनके
दिल में रखूँ।

महिमा तेरी
सबमें बाँट सकूँ
वह रस दो।

सत्य है आज
कलियुग में भी है
आवाज उठी।

हृदय रथ
नाम तेरा नशा है
हे परमात्मा

हरियाली है
इन पुष्प कली की
बन्धन तेरे।

यारों की यारी
देखूँ में राधा संग
मैं हूँ दिवानी।

असीम कृपा
है मुझ दासी पर
मेहरबानी।

दुग्ध का पान
भाव रस लेने दो
वह शांति दो।

मैं तेरी ही
शब्दों में अभिव्यक्ति
चाह ये नहीं।

नखराले हो
अपरम्पार हेतु
नचवाते हो।

जलना ईर्ष्या
अवगुणों के रजा
तृप्त हो जाओ।

भाव का चीर
हृदय की पुकार
पवित्र मन।

कभी खुद को
आईने में देखा है?
वाह रे भाई।

तू सुधरा तो
सारा जग सुधरा
संभल जरा।

चारों तरफ
चक्कर पे चक्कर
लेना काट जी।

बदकिस्मती
न सुमधुर हुआ
मतलबी है।

अरे मन! तू
चोरी डाका करते
भँवरे जैसे।

विचित्र लोग
विचित्र है दुनिया
विचित्र हम।

गुपचुप हूँ
जाने क्या होगा आगे
हम सबका।

सब कुछ है
लेकिन चैन नहीं
करूँ तो क्या मैं।

जिंदगी भर
आत्मसंतोष किया
सब ठीक है।

शहरी न थी
बहुत खुश थी मैं
मस्त रहती।

अलग नहीं
तरंगें समुद्र से
कृष्ण मीरा से।

विलीन हुई
आत्मा से परमात्मा
कृष्ण भक्तन।

वन विभाग
हरा भरा जंगल
सुकून देता।

वन का राजा
जंगल में मंगल
उड़ाता मौज।

वन के बंधु
हिफाजत करते
प्रसन्नचित्त।

बाग बगीचा
सुन्दर फूलवाटी
नव पल्लव।

रंग बिरंगे
फूल पत्तों की शोभा
नजारा देखो।

जंगल है तो
जीवन का आनंद
भरपूर है।

सबरी बेर
संजीवनी बूटी हैं
अमृत–फल।

हाथ की माला
चन्दन वृक्ष कटा
सपेरे बैठे।

चटाई पर
ध्यान मग्न मौलवी
भक्त की चाल।

पेड़ की डाल
बाँहों में झूलते बच्चे
खुशी मनाते।

घना कोहरा
गाड़ियाँ टकराईं
कहर आया।

सड़क बनी
खेली खून की होली
शमशान घर।

पीले चावल
बाँटे घर घर में
शादी मंडप।

जंगली गैंडा
दानव जैसे होते
विशालकाय।

दूज का चाँद
अर्ध चन्द्राकार
धनुष नहीं।

शिशिर ऋतु
तिल मूड़ी के लड्डू
तश्तरी रखी।

ज्ञान की देवी
जिह्वा की शोभा तुम
अमृतवाणी।

पल भर में
अपना बना लेती
पल दुश्मन

तुम ही जानो
पल भर में मीठी
पल में खारी

अपना धन
अनमोल हैं धन
जीवन धन्य।

आज बसंत
जीवन में खुशियाँ
आया बसंत।

बरसा रानी
रिमझिम बरसे
अमृत पान।

मयूर कहे
वर्ष मुझे भिगोये
हूँ में नाचता।

मयूर नृत्य
बारिश होता जब
खुश वो होता।

भूख है मुझे
हर दिन लिखना
पढ़ना तुझे।

भूख मिटा दो
अरब खरब की
प्रिय हो तुम।

भूखा जीवन
रुखी सूखी बातें हैं
प्यास लगी है।

बनाया मैंने
तीन रंगों से भरा
तिरंगा प्यारा।

झंडे की शान
पत्तों से बनी मसि
हरा रंग है।

शान्ति है देता
नारंगी रंग लाई
संतरा–रस

उज्जवल है
सफेद पहाड़ों से
चूना पत्थर।

नीलगगन
नील रंग ले आई
चक्र बनाया।

विराजमान
सुदर्शन चक्र सा
अशोक चक्र।

ऊँच गगन
झंडा है लहराता
जैसे पतंग।

सिर्फ रावण
ने शुरुआत करी
बुराई पाठ।

विद्वान था वो
पर राक्षस था वो
जानता था वो।

किसी से मरूं
सद्गति नहीं है
मरूं राम से।

जानता था वो
राम मनुष्य नहीं
भगवान है।

सीता हरण
उसका बहाना था
डरता था वो।

राक्षस योनि
गति न होती कभी
चाल चली थी।

राम की सीता
मेरे प्रभु की पत्नी
माँ है वो मेरी।

अभिशापी हूँ
कैसे सुधारूँ लोक
गति पा जाऊँ।

पा गया था वो
ईश्वर के हाथों से
जन्म दृमरण।

चार दिशाएँ
एक की सत्ता छोड़ी
चतुर्भुज है।

नर का चोला
खोलता है ईश्वर
भाग्यशाली है।

सरस्वती माँ
वाणिदायिनी माता
हंसवाहिनी।

कलाकारिणी
जगत को मोहित
तुम करती।

माँ तेरे बिन
अज्ञान से भरी में
हे माँ शारदे।

भरा तालाब
खेलते मृग जोड़ी
प्यासे नहीं है।

नामी औरत
रोजी रोटी मजे से
सशक्त मन।

कौन पराया
बिना किसी लगाव
गवाह कौन।

बदकिस्मती
न लोकप्रियता है
न सुमुधुर।

जहां न दिल
वहाँ प्रेम कैसा है ?
न झुके प्रेम।

कौन जानता
कौन किसके पास
सब स्वार्थ है।

उड़ना छोड़
धूलि पे पानी डालो
शांति पा जाओ।

साथ मत दो
बात नई नहीं है
उपेक्षा सही।

आश विश्वास
ये दो भाई बहन
विश्वास नहीं।

विषय नहीं
इन्द्रियों को तज दो
तन मन से।

आश रखना
बिना विश्वास कुछ
आनंद कहाँ।

कौवा जैसा है
मन तेरा काला है
शब्द हैं मीठे।

एक विश्वास
पत्थर का विश्वास
श्रद्धापूर्वक।

कृष्ण भी काला
गाता मधुर गीत
बंसी वाला है।

विश्वास नहीं
कितनी बातें सुनो
बेकार लागे।

आश रखना
श्रवणकुमार हो
मेरा लड़का।

यह आशा है
कितनों को नचाया
कैसे नचाया।

आशा हो सच्ची
होगी अवश्य पूरी
विश्वास होता।

तबाही मची
वज्रपात हुआ
जान माल का।

दूर्वा अंकुर
रसमय धरती
हरी भरी है।

झील में चाँद
प्रियतम जैसा है
मुखड़ा देखा।

मंगलसूत्र
सुहाग बना रहे
मेरे चंद्रमाँ

वाह क्या बात ?
शायर को सायरी
आती है बड़ी।

यात्रा हमारी
मनभावन हुई
साहित्यिकी की।

सानिध्य मिला
हौसला अफजाई
काम आ गयी।

मंच हमारा
मीठा मीठा चलता
नमकीन भी।

जरूरत है
एक नई रचना
समझने की।

तरस गये
आपके दीदार को
पर्दा न करो।

प्यास बुझा दो
जनम जन्म की प्यासी
व्याकुल हूँ में।

आप मेरे हो
कहना पड़ता है
मुझे आज भी।

सब पता है
अनजान न बनो
हे मेरे प्रभु।

निभा दो मुझे
अपना जानकर
बालक तेरा।

माँ की बगिया
कलियों के फूलों में
महके प्यार।

सांत्वना देती
कवच का रूप हैं
सामर्थ्यवान।

भरपूर है
सबके दिलों पर
राज करती।

माँ की महिमा
माँ बनकर जाना
माँ क्या होती है।

खेलकूद में
जीवन खोती रही
ना कुछ जाना।

तेरे खातिर
आज तेरे संस्कार
जो तूने दिये।

काम आते हैं
दिल बाग बाग है
सम्मान मिले।

माँ का स्नेह
सबके प्रति एक
वंदनीया हो।

माँ के प्यार में
मिलावट नहीं है
निस्वार्थ प्रेम।

दुग्ध का पान
भाव रस लेने दो
मेहरबानी।

असीम कृपा
है मुझ दासी पर
आवाज उठी।

सत्य है आज
युग–सतयुग है
आकुल नहीं।

प्रभु को पाना
सरल बन जाओ
स्वतः हो जाता।

हाथ पकड़
चल ले चलूँ तुझे
अपने देश।

तन्मय मीरा
कब होंगे दर्शन?
प्राणों के साथी।

आपकी प्रिया
जन्म–मृत्यु की साथी
आत्मा का भाव।

कैसे भुलाऊँ
तू गुड सा मीठा है
मेरे गोपाल।

तू एक बार
आँखें खोल के देख
सच्चिदानंद।

बच्चो की सुनो
वो तुम्हारी सुनेगा
पक्की है बात।

वो बच्चा है क्या
नासमझी ना करे
बड़े भी तो करे।।

मन के सच्चे
कोई नहीं पराया
ना अंहकारी।

भेद वो खोले
झूठ भी नहीं बोले
सच्च कहते।

गलती ढुँढे
आपने कहा था न ?
शर्मीन्दा करे।

कैसा मान है
ना अपमानित करे
न जाने कुछ।

सीख देते है
बच्चे बड़े है निराले
बड़े भी डरे।।

ध्यान रखना
कब कहाँ क्या बोल दे
मालूम नहीं

जलती मैंनी
खाते हैं चावल पीठा
बिहू मनाते।

आँखों में आँसूं
भरकर बहते
किसे दिखाऊँ

धुंधला सूर्य
घर होता प्रकाश
दीपक बाती।

कुंभ का मेंला
साधु संतों की भीड़
हाथ कटोरा।

गंगा का घाट
तिलांजलि देते हैं
पितृ–तर्पण।

वायु का गोला
धधक रही ज्वाला
पूर्णाहुति में।

याद रखें कि
इस कशमकश
को मिटा दे।

गंगा का पुत्र
कांटों की सेज पर
उत्तरायण।

प्यार करके
में रीति की रीति रही
सब व्यस्त।

रसोई गैस
पतीले में पानी है
भाप उठती।

कहने को में
उड़कर आ जाती
थी दिवस में।

जख्मी है दिल
किसके पाँव पडूं
शरणागति।

परित्यक्ता
कोने में दुबकी सी
कुछ चाहिए।

चित्कार उठा
काँटों पे चलना
में ढल गई।

मूकदर्शक
कहना चाहती है
डरी डरी सी।

चादर मेरी
सिलवटों से भरी
जख्मी भी में।

चारों तरफ
पथराई सी आँखें
कौन हूँ मैं?

अर्धविक्षिप्त
बाल बिखरे हुए
इशारा किया।

लेने आई हो
आने वाले हैं मेरे
कहा उसने।

तुम कौन हो
थोड़ी सी मुस्कुराई
मेरी हो तुम।

माँ हूँ एक में
विश्व रचयिता हूँ
सब कुछ में।

बाँहें फैला दीं
बिना विरोधाभास
मुद्रा भी है कि।

सहलाते हो
संग संग रहते
आ जाओ अब।

चीखने लगी
एकाएक चिल्लाई
थी अवाक में।

पैरों में मेरे
रास्ता साफ करते
चुभे वे काँटे।

कहा उसने
बेवकूफ हूँ नहीं
जानो क्या तुम।

सुन्दर थी वो
पचास की हुई में
साठ का था वो।

अबला नहीं
पारिवारिक भी
सक्षम हूँ में।

देखा उसने
पूछा मैंने खुश हो?
मुद्रा ना में थी।

हैरान थी मैं
क्योंकि तू हेराफेरी
जवान थी वो।

सुबुक उठी
काबलियत क्यों
सिर्फ तेरी हूँ।

आया हूँ लेने
मैं जवानी की थाली
बीमार हूँ मैं।

भूलूँ या फूलूँ ?
फूलूँ कमलवत
भूलूँ अभाव।

अपना होश
आज तुम्हें देखकर
भूल मैं गई।

बेहोश हुई
मदहोश मैं हुई
दीदार हुआ।

क्या चाहिए था?
क्या नहीं चाहिए था
मालूम नहीं।

जितना दुःख
आज तक न मिला
इतना दर्द।

मेरा हृदय
कुम्हलाया हुआ था
बन्द कली सा।

इतनी पीड़ा
कामनाएँ की बड़ी
भूल मैं पड़ी।

फूलूँ मैं कैसे?
खिलती हैं पंखुड़ी
कमल जैसे।

आतुर हुई
तेरा दीदार करूँ
मैं कैसे फूलूँ।

कमल खिले
सूर्य के संपर्क से
मैं प्रसन्न हूँ।

ईश्वर खुश
आवागमन खत्म
चाहिए ही क्या?

कन्या पूजन
घर घर है होती
सुखी सम्पन्न।

माता पिता की
लाडली है बिटिया
दादी पोत्री सी।

बच्चियां प्यारी
कोमल सी कलियाँ
उपवन की।

घर आँगन
तुतलाती है जब
निहाल होते।

फुदकती है
चंचल हिरणी सी
बहारें आती।

बातें करती
हाथों को नचाकर
मचलती सी।

गुड़िया रानी
आँगन खिल जाता
किलकारी से।

माँ की महिमा
शक्ति की परा प्रकाष्ठा
तुम सा न कोई।

हमें सिखाती
अपने गुणों द्वारा
चौगुणा करे।

सबसे न्यारी
दया क्षमा की धात्री
दुर्गा हैं वो माँ।

तुम मेरे हो
बस यह याद है
हमसफर।

अनजाने में
मन का अहसास
कुछ भीगा सा।

बिखरते हैं
यादों के झरोखों
से पुष्प शब्द।

बनूँ मैं तेरी
भर–भर यूँ आई
अंखियां मेरी।

ये वादा करो
भूला तो न दोगे
मेरे प्यार को।

अपना लिया
अपना बना दिया
प्रेम की बूँदे।

घबड़ा उठी
अब भी आँखें भीगीं
प्रेम रस में।

हर श्वाँस में
तेरी हो गई आशा
जगाऊँ कैसे।

फूल खिलते
झर झर गिरते
बच्चे हँसते।

आच्छादित है
झिलमिल करते
असंख्य तारे।

चरण स्पर्श
सागर की लहरें
समुद्री रेत

घना जंगल
लताएँ लिपटी हैं
रास रचाते।

छोटा सा पौधा
परिपक्व हो गया
फूल पत्तों से।

इतना गुस्सा
मिरगी के रूप भी
आसान नहीं।

एक छोटा सा
कहते कहते वो
किस्सा ही बंद।

तरस गए
आपके दीदार को
पर्दा न करो।

मेरे हाल से
मौत बेहतर है
ढूँढें ना मिलूँ।

ये वादा करो
भुला तो न दोगे
मेरे प्यार को।

प्रभु कुम्हार
माटी हुई निहाल
में धरती की।

प्रकाशमय
एकान्त वार्तालाप
में तुझ संग।

हे परमात्मा
वाणी युद्ध करो
नहीं हो खता।

हर सम्बन्ध
तराजू से तोलना
मुझे न भाता।

बदकिस्मती
कौन किसके संग
लोकप्रियता।

मलिका थी मैं
उर्वशी थी उसकी
प्रियतमा थी।

विवाहिता मैं
मेरा प्राणी—संस्कार
सुबुक उठी।

उसकी प्रिया
चालीस के पार थी
किस भरोसे।

सोयी हुई थी
बाँहों में बाँहें डाले
निश्चिन्त थी।

कौन था वहाँ
मुझे गोद में लिया
चल पड़ा वो।

आत्म—चिन्तन
मंदिर की सीढ़ियाँ
जगह मेरी।

मेरे मितवा
सतावो ना इतना
रो पडूँगी मैं।

अशिक्षित थी
तन मन से तेरी
जूठन तेरी।

विश्वासघाती
चिन्तन मुक्त हूँ मैं
आजाद हूँ मैं।

ना कोई मेरा
ईश्वर की संतान
हूँ, थी, रहूँगी।

स्थिर हो जाओ
नया मित्र क्या द्रोही
आर्त होकर।

सदा रहता
निराकार साकार
नाथ अपना।

निरंतर है
ईश्वर का प्रभाव
गणना नहीं।

भगवत प्रति
नाम जाप सेवा से
नाम मिलता।

ईश्वर पिता
बंधु सखा व भ्राता
और जननी।

हे भगवन
मत देखना तुम
करणी–कर्म।

मुझको छोड़ा
कितना कुछ किया
परायी हुई।

पता होता जो
इतनी काली होती
जीभ किसी की।

न पकड़ती
कभी हाथ उसका
पता नहीं था।

मिट्टी के घर
खपरैल की छत
आँगन बाड़ी।

आँगन बैल
लहलहाते खेत
दुधारू गाय।

रसीली धरा
अंकुरित अनाज
हरित वन।

धरा स्खलन
बाढ़ खतरा बढ़ा
कृत्रिम जल।

जलमगन है
शोक का माहौल है
मच्छर आते।

रूपये पैसे
थैली भरी हुई है
कैद में पड़े।

बारिश आती
वृक्ष भी साथ देते
नृत्य करते।

सूक्ष्म रूप से
नहीं आया कहना
डांट पड़ती।

अध्यापक भी
कहते मुझसे ह
छुट्टी चाहिए?

मैं कहती हूँ
ऐसा क्यों बोलते हैं?
क्या गलती की?

उन्होंने कहा
कम बोलना तुम
समझी तुम।

आराम करो
जीभ को विश्राम दो
घर बैठना।

पर आप क्यों?
इतने परेशां हो?
मैम ने डाटा ?

पानी पिलाऊँ
दिमाग ठंडा करूँ
गरम नहीं।

उन्होंने कहा
कम बोलो तो जरा
समझी तुम।

नहीं समझी
सीखा दीजिये सर
मैंने कहा था।

आँखें निकालीं
सर ने देखा मुझे
इस तरह।

कलियां आतीं
सौरभ हैं फैलातीं
उपवन में।

फूलों के गुच्छें
पंखुड़ियाँ गिरती
महकती है।

सावन आया
परिधान पहनें
हरी डालियाँ।

अमृत तुल्य
गगन में है छेद
जल गिरता।

बारिश आती
हवा संग उड़ती
हलकी फुहारे।

हरित पत्र
जड़े पड़े हैं वृक्ष
बेलपत्रम।

हरी भरी है
जावें नर व नारी
वन में भोज

तैंतीस कोटि
तैंतीस प्रकार के
देवी देवता।

भगवान जो
करोड़ नहीं होते
यह सही है।

एक को भज
भवसागर पार
बेड़ा भी पार।

सूरज जैसा
क्या मित्र क्या द्रोही जो
दृष्टि है एक।

तुम्हें अब मैं
मेरी नवधा भक्ति
तुम्हें देता हूँ।

पहली भक्ति
संतों का सत्संग है
प्रभु ने कहा।

दूसरी भक्ति
राम कथा में प्रेम
रघु ने कहा।

तीसरी भक्ति
बिना घमंड सेवा
राघव बोले।

चौथी भक्ति है
मेरे मन्त्र का जाप
दृढ विश्वास।

पाँचवी भक्ति
जो वेदों में प्रसिद्ध है
लालच न हो।

छठी भक्ति है
इन्द्रियों का निग्रह
राम ने कहा।

सातवीं भक्ति
राममय देखना
समभाव से।

आठवीं भक्ति
आत्मसंतोष
प्रभु ने कहा।

नवमी भक्ति
जो मैं तुम्हें देता हूँ
अत्यंत प्रिय

प्रेम में दर्द
होता मालूम नहीं
इस पते को।

दूर हुई में
इस प्यार खातिर
अपने टूटे।

दर्द गीला है
आँखों देखी है मैंने
धूल भरी थी।

ह्रदय मेरा
कुम्हलाया हुआ था
बंद कली सा।

जितनी पीड़ा
कामनाएँ थी बड़ी
भूल में पड़ी।

मीठे प्यार की
मीठी सी अनुभूति
भुला न पाते।

मेरे साहिबा
ढूँढूं तुम्हें किस में
किस देश में।

तुमसे मिली
जिंदगी के गीत हो
हमदम हो।

बहारें तेरी
मेरे दिल में छायीं
जब से मिली।

किस्से करूँ
कैसे करूँ याद मैं
फरियाद है।

प्यार तेरा है
कभी कम नहीं हो
देना विश्वास।

सूखी पत्तियाँ
दवात में दबे हैं
पुराने पत्ते।

पेड़ की डाली
में झूल रहा पक्षी
बौराया आम।

उमड़े गाड़ी
यातायात व्यस्त
गायों का झुंड।

दीप उत्सव
कार्तिक अमावस्या
में थाल सजे।

संगीतमय
गले बंधी घंटिया
कृषक हाँक।

माघ की रात
चमकने लगी है
मैदानी घास।

हे मेरे प्रभु
ख्याल रखना मेरा
तीनों कालों से।

निश्चित किया
मेरे परमात्मा ने
समर्पित है।

पता चलता
प्रेम का बिलसता
भगवान को।

अपनापन
ईश्वर के पास है
हमारा साथ।

ज्वलित दीप
आहुति में सुगंध
घीव फैली।

श्याम वर्ण हैं
नीले मेघ समान
कृष्ण मुरारी।

बहता जब
सहस्त्र दूध धारा
जटा में गंगा।

अग्नि ज्वलित
आहुति में सुगंध
देवी स्वाहा।

पुलिसवाला
मंत्री के आगे पीछे
लार टपती।

पान दुकान
रजनीगंधा लार
काले हैं दांत।

पान में कत्था
लाल हो गए होंठ
होठों की लाली।

गले का हार
भिखारी बन गया
प्रभु का प्यारा।

मछली फँसी
ऋषियों की समाधि
बगुला भक्ति।

पूर्ण चन्द्रमा
मोहित करता है
सुहागिन को।

रात की रानी
कुमुदिनी खिलती
जलाशय में।

लाल कलश
चावल से भरा है
किरोसिन बू।

नीली दवात
कलम का जीवन
चिट्ठी लिखती।

वृक्ष का पत्ता
थाली बन गई है
वृद्ध हो गया।

केले का पत्ता
द्वार सज गया है
शोभा है प्यारी।

माँ का हृदय
बिना तार के जुड़ा
अपना पुत्र।

बच्चा कहीं भी
रूदन की आवाज
बिना फोन के।

निश्छल प्यार
न और देखा कहीं
करुणामयी।

मैं अनाथ हूँ
तेरे बिना जग क्या
कुछ भी नहीं।

माँ तू है तो मैं
नहीं तो कुछ नहीं
तुझे नमन।

ममतामय
कितनी ही सुन्दर
मेरी दुलारी।

कोमल पत्ते
बसंत आगमन
खुशियाँ छाई।

हरे भरे थे
पेड़ों के परिधान
पत्तों से ढके।

आम के पत्ते
सज गए हैं द्वार
तोरण बना।

सत्य का पत्ता
निकली एक कली
कल्पवृक्ष से।

पीपल पत्ता
अभिलाषा के साथ
सन्देश देता।

प्रेम प्रतीक
झिलमिल करता
सुकोमल है

पीपल पत्ता
जल में रखते हैं
जाल बनता।

तीन पत्तियाँ
चढ़ती शिवशंकर
त्रिनेत्र जो है।

नीम का पत्ता
औषधि है बनती
दाग–विशेष।

पान का पत्ता
स्वागत करते हैं
असम वासी।

जाल बनाया
जीव जंतु फँसाया
क्षुधा तृप्ति की।

मकड़ी जाल
स्वयं जाल में फँसी
बनाया घर।

सूत का जाल
कारीगर अनोखा
देखा न ऐसा।

जाल बनाती
सुरक्षित जगह
मानव घर।

नीड़ बसाया
पत्ते तिनके लाया
मजदूरी की।

मिट्टी न बालू
सूखी घास पत्ते से
प्यार से बाँधा।

चट्टानें काली
दिल चट्टान जैसा
काला नमक।

भारी चट्टानें
टक्कर नहीं होती
मूंगा की खान।

जल की धारा
चट्टानों से टकरा
वापस आती।

रखती नहीं
सब वो सह लेती
देती है लौटा।

नवधा भक्ति जो भगवन राम ने शबरी को दी थी, उस पर आधारित हाइकु

राम ने कहा
मेरी प्रिय शबरी
जल चाहिए।

राम पधारे
शबरी के आश्रम
कलश जल।

चरण धोये
चरण स्पर्श करे
प्रणाम करे।

शबरी जी ने
आसन पे बैठाया
फल खिलाए।

राम ने चखा
अत्यन्त वे रसीले
बेर थे मीठे।

प्रशंसा कर
प्रेम सहित खाया
दोनों भाई ने।

शबरी कहे
मैं मंदबुद्धि भी हूँ
जात भीलनी।

मैं अधम हूँ
कैसे करूँ स्तुति में
भरी थी आँखे।

राम कहते
भक्ति ही सर्वोपरि
सुनो भामिनि।

हाइकू शीर्षक–मन

मन कहता
कल पर छोड़ो ना
करती चल।

ख्वाईश मेरी
तुमसे मिलने की
मिलन हुआ।

आत्मप्रेम

माना कि तुम
राजा प्रजा हो मेरे
चाहते हो क्या ?

अन्तर मन
पवित्र आह्वान
सुधर जाओ।

भँवरे जैसे
फड़फड़ाना आता
बदतमीज हो।

बहुत कुछ
तेरी मेरी ना कर
सब हैं तेरे।

बेचैन थी मैं
पुकारा था मन ने
तुम हो कौन।

खुदा की शान
फिर भी परेशान
इंसान तुम।

प्रभु कहते
कैसे भक्त हो तुम
भ्रम की माँग।

प्राण अर्पण
जीते जागते प्रभु
पत्थर नहीं।

संतों की टोली
छोड़ा राणा को मीरा
हुई शामिल।

प्राणों का प्रेम
आ जा रे गिरधर
बावरी मीरा।

भक्त कहता
भयभीत है प्रभु
जन्म–मृत्यु से।

जिसने कहा
राधा नहीं मैं तेरी
कृष्ण की हूँ मैं।

प्रेम किया है
छोड़ सकती नहीं
शरणागति।

मीरा ने गाया
गिरधर गोपाल
दूजो न कोई।

मनमोहन
जगत को मोहित
करते तुम।

तुझे पुकारूँ
मेरे प्रिय कहाँ हो
दिवानी तेरी।

मेवाड छोड़ा
दुनियादारी छोड़ी
तेरे खातिर।

पागल कहें
तुम्हें अच्छा लगता ?
निर्मोही प्यारे।

कृष्ण हैं मीरा
मीरा हैं कृष्णमय
पूर्णानन्द तू।

ओत–प्रोत हैं
भीतर बाहर तू
दोनों तरफ।

बादल

काले बादल
जल से भरे हुए
बूँदें टपकी।

बादल आते
पेड़ पौधे हँसते
मलहार गाते।

हल्के बादल
चलते रहते हैं
यहाँ से वहाँ।

प्रकृति छायी
सुनहरे बादल
अस्ताचल है।

अस्त बादल
सागर में समाया
अंतर्ध्यान है।

रवि या सूर्य
किरणें बिखराता
आग का गोला।

आया प्रकाश
कमल खिल उठा
स्पर्श पाकर।

आराध्य देव
अर्घ्य अर्पण करूँ
हे रविदेव।

धवल धरा
चन्द्रमा की चाँदनी
सफेद पुष्प।

गिरी निकट
नर्तक नाच रहे
कदम छाँव।

सागर

नदी का जल
सागर का अंश थी
मिलन हुआ।

सागर बोला
तड़प रहा हूँ मैं
आ जाओ तुम।

आना चाहा था
पर नाले में गिरी
भटक गई।

तरंगें हम
सागर की लहरें
चिंतन करे।

कैसे हो शान्त
उफनता सागर
चिंतनशील।

लता

राई से होता
बरगद का बीज
महानता है।

खीरा की बेल
कानों के कुन्डल
खीरा है हीरा।

लटक गई
झोपड़ी के ऊपर
खरबूजों की।

खुश होता है
बंदर हँसता है
दूरदर्शन।

पेड़ की डाली
झूल रहा है पक्षी
गाना गा रहा।

दाना खिलाता
घोंसले के अंदर
परिवार को।

ऊँची है चोटी
तिरंगा लहराता
देश की शान।

केले का पत्ता
द्वार सज गया
बाराती आये।

बसन्त आता
हृदय खिलता है
प्रेम रस में।

बसंत ऋतु
नये पत्ते आते है
खुशी मनाते।

आया बसंत
हरियाली छा गयी
फूल खिलते।

चारों तरफ
मुरझाया चमन
खिल उठा है।

महानता है
छोटे छोटे विचार
झड़ जाते है।

ठीक वैसे ही
पत्ते झड़ जाते है
पेड़ पौधो से।

बसंती हवा
प्रकृति ने बहायी
मधुर भाव।

कथा अनेक
व्यथा भी है अनेक
दुख न मिटा।

खाने की कथा
पहनने की कथा
सोने की कथा।

नीरसता में
भाव नहीं बनता
आनंद कहाँ।

ईश के पास
रस के भंडार है
तृप्त है मन।

तेरसवाला
आज धरा पे आए
ब्रह्मलोक से।

संत निराले
उद्धार करते है
चारो दिशाएं।

बरसाता है
संत का दरबार
अमृत रस।

मेरे गुरुजी
सबकी सुनते है
बड़े प्यारे है।

प्यार का भूखा
नाम का भूखा नहीं
वो महान है।

गुरु चाहते
सबको खूश रखूँ
यही है धन।

भाग्य विधाता
अंतरंग साथी है
सबकुछ है।

दिल का धनी
मेरे आनंदघन
प्राणों का साथी।

महान आया
कल्याण की भावना
तेरस तिथि।

रस का पान
संत करवाते है
बिना बाधा के।

मेरा देवता
तेरे दर्शन करूँ
दिन रात मैं।

गुरु कहते
तेरा अहम दे दो
लेने आया हूँ।

बड़ा निराला
सत्य का पुजारी है
सच्चे संत है।

चोंटे देते है
सड़क के पत्थर
आवारा होते।

पत्थर होते
जाने पहचाने से
घरेलू होते।

गिट्टी खेलते
बचपन बीतता
साथ साथ में।

छोटे छोटे से
दुधिया से पत्थर
छिपा रखते।

जान से प्यारे
दौलत समझते
बच्चे जो होते।

आज की पीढ़ी
भोली नहीं होती है
ना जाने कुछ।

हमने जाना
भोला था बचपन
आनंद लेना।

खिलखिलाते
लड़ते झगड़ते
एक हो जाते।

प्यार करते
मिलना बतियाना
जीना जो आता।

छोटी सी खुशी
सब शामिल होते
बड़ी लगती।

आज के बच्चे
बड़ों जैसे नहीं है
दिखावटी है।

साथ चलना
संग नहीं रहना
स्वार्थी हो गया।

खुद से प्यार
संतान व पत्नी से
यहीं है प्यार।

पहाड़ी रास्ते
बारिश में भीगते
सजीव होते।

आते जाते है
अपने से लगते
कठिन नहीं।

वनस्पतियां
लगती बड़ी प्यारी
सुकून लाते।

खच्चर आते
मिलते हर बार
सरल रास्तें।

हाईकु विश्वकर्मा जी पर

तय होती है
विश्वकर्मा जयन्ति
17 सितम्बर को।

शिल्पकार है
उत्तम रचयिता
आचार्य भी हैं।

उत्कृष्ट शिल्प
शुक्राचार्य के पौत्र
विज्ञानाचार्य।

विश्वकर्मा जी
ऋषि अथवी पुत्र
अंगिरसी माँ।

शिल्पशास्त्रज्ञ
पाँच पुत्र के पिता
प्रवर्तक थे।

वे निर्माता है
भवन का निर्माण
लौह औजार।

अनेक रुप
हर रूप है प्यारा
गुणों के स्वामी।

लंका निर्माता
द्वापर की द्वारिका
हस्तिनापुर।

सतयुग में
स्वर्गलोक निर्माता
त्रेतायुग का।

दुकानें बंद
औजारों की सफाई
रंगरोगन।

आज के दिन
गाड़ी की चाल देखो
मतवाली सी।

सजी धजी सी
नखराली सी लागे
माला से सजी।

धूमधाम से
हर्षोल्लास सहित
नतमस्तक।

चोटें देते है
सड़क के पत्थर
आवारा होते।

पत्थर होते
जाने पहचाने से
घरेलु होते।

गिट्टी खेलते
बचपन बीतता
साथ साथ में।

छोटे छोटे से
दुधिया से पत्थर
छिपा रखते।

जान से प्यारे
दौलत समझते
बच्चे जो होते।

आज की पीढ़ी
भोली नहीं होती है
ना जाने कुछ।

हमने जाना
भोला था बचपन
आनंद लेना।

खिलखिलाते
लड़ते झगड़ते
एक हो जाते।

प्यार करते
मिलना बतियाना
जीना जो आता।

छोटी सी खुशी
सब शामिल होते
बड़ी लगती।

आज के बच्चे
बड़ों जैसे नहीं हैं
दिखावटी हैं।

साथ चलना
संग नहीं रहना
स्वार्थी हो गया।

खुद से प्यार
संतान व पत्नी से
यही है प्यार।

रास्तें

पहाड़ी रास्तें
बारिश में भींगते
सजीव होते।

आते जाते हैं
अपने से लगते
कठिन नहीं।

वनस्पतियां
लगती बड़ी प्यारी
सुकून लाते।

खच्चर आते
मिलते हर बार
सरल रास्तें।

आदत होती
पहचानती राहें
प्यार करती।

यात्री हैं आते
खच्चर हैं चलते
बोझा हैं ढोते।

मूक प्राणी है
पीठ पे छड़ी खाते
दर्द सहते।

ईश्वर घर
लाठी की न आवाज
अंधेर नहीं।

पड़ती जब
जोर से है पड़ती
समझ रखो।

अबोध प्राणी
रोजी रोटी देता है
प्यार से रखो।

घोड़े दौड़ते
आसान नहीं होता
खुर फअते।

नीरसता में
भाव नहीं बनता
आनंद कहाँ।

ईश के पास
रस के भंडार हैं
तृप्त है मन।

तेरसवाला
आज धरा पे आए
ब्रह्म्लोक से।

संत निराले
उद्धार करते हैं
चारों दिशाएं।

बरसाता है
संत का दरबार
अमृत रस।

मेरे गुरुजी
सबकी सुनते हैं
बड़े प्यारे हैं।

प्यार का भूखा
नाम का भूखा नहीं
वो महान है।

गुरु चाहते
सबको खुश रखूँ
यही है धन।

भाग्य विधाता
अंतरंग साथी हैं
सबकुछ है।

दिल का धनी
मेरे आनंदघन
प्राणों का साथी।

महान आया
कल्याण की भावना
तेरस तिथि।

रस का पान
संत करवाते हैं
बिना बाधा के।

मेरा देवता
तेरे दर्शन करूँ
दिन रात मैं।

गुरु कहते
तेरा अहम दे दो
लेने आया हूँ।

बड़ा निराला
सत्य का पुजारी है
सच्चे संत हैं।

बसन्त आता
ह्रदय खिलता है
प्रेम रस में।

बसंत ऋतु
नये पत्ते आते हैं
खुशी मनाते।

आया बसंत
हरियाली छा गयी
फूल खिलते।

चारों तरफ
मुरझाया चमन
खिल उठा है।

महानता है
छोटे छोटे विचार
झड़ जाते हैं।

ठीक वैसे ही
पत्ते झड़ जाते हैं
पेड़ पौधो से।

बसंती हवा
प्रकृति ने बहायी
मधुर भाव।

कथा अनेक
व्यथा भी है अनेक
दुख न मिटा।

खाने की कथा
पहनने की कथा
सोने की कथा।

अलग होता
कच्चा फल वृक्ष से
खट्टा रहता।

जो पक गया
रस से पूर्ण होता
जुड़ा है होता।

जीवन सत्य
दृढता आ गयी है
आत्म विश्वास।

फल पकता
वृक्ष से जुड़ा होता
रस से पूर्ण।

अपना हुआ
वो प्रभु का होता है
मधुर होता।

पसन्द आते
पके मीठे जो फल
कोमल होते।

कठोरपन
अच्छा नहीं लगता
रसविहीन।

प्रभु को पाना
इसका आनंद ले
सत्य के संग।

सत्संग करो
सतगुरु उबारें
सरलता से।

वजूद

ओ दरिन्दों!
जिस माँ की कोख से जन्में हो
वो माँ भी शर्म से जमींदोज होना चाहती होगी

बहन भी तेरी सोचती होगी कैसा भाई पाया है
अरे ओ दरिन्दो तेरा क्या विश्वास करूँ
तुम अपनी बहन को भी परोस दोगे
किसी और के आगे
तुम्हें लाज कहाँ से आयेगी?
जिस माँ ने तुझे दूध पिलाया
वो माँ सोचती होगी
तेरा गला दबाकर मार देती
ऐसी औलाद से अच्छा बाँझ रह जाती
किस गन्दी नाली का कीड़ा है तू
किस घड़ी में जन्मा था तू
तेरी भी बेटी होगी।

तुझे न कोई दुःख होगा
तु क्या जाने नारी की व्यथा
तेरी पत्नी भी सोचती होगी
कभी सामने आया तो
तेरा गला दबा दूँगी
फाँसी के फंदे से लटक जाऊँगी
नारी ही नहीं होगी तो कोख कहाँ से आयेगी
तुम जैसे दरिन्दों को पैदा करने से घबरायेगी
अब दिन ऐसा आयेगा
बेटी जिन्दाबाद कहलायेगी
बेटा मुर्दाबाद कहलायेगा
अब कोख में बेटी ना मारी जायेगी
अब कोख में बेटों को मारा जायेगा

पता नहीं इस सपोंलियो का
कब कैसा खेल रचायेगा?
अब नारी दुर्गा बन आयेगी
एक–एक दानव को मार गिरायेगी

अब दिन लद गये नर पिशाचों के
अरे ओ दरिन्दों अब तेरा न जन्म होगा
मृत्यु ही तुम्हें बुलायेगी
छीः घृणा आती है तुम पर
थू–थू करने का दिल है करता
सामने गर पड़ जाते तो
तेरी इहलीला ही समाप्त कर देते
अब कोई माँ वंश ना बढ़ायेगी
माँ बनना मंजूर होगा
हे नराधम लेकिन अब तेरा न वजूद होगा।

छवि विचार
हल्का फुल्का उपहास

गोल गोल उल्लू जैसी आँखें
आँखे तेरी झुकी झुकी
क्या बात है? कुछ कहना है?
कहता हूँ कुछ सुन्दर लगती हो
आज तेरा दीदार करने दो
गोरे–गोरे मुखड़े पर लटें तेरी
बिन्दियाँ तेरी कुछ कहती सी
फुला नहीं समा रहा हूँ

तुम्हें तल्लीन अवस्था में देखकर
स्वयं ही स्वयं को देख रही हो
स्वयं पर पहरा दे रही हो
अंदर बाहर मौन ही मौन हो
कौन सी ऐसी खुशी मिल गयी?
किसकी यादों मे खोयी हो?

तेरी चुप्पी आज तेरी
शोभा बढ़ा रही है
आज किस गहराई में
गोता तुम लगा रही हो
तुम्हें देख–देख मैं होश खो रहा
आज जुबान तेरी बंद क्यों है?
तुम आज मुझे चीनी जैसी लगती हो
तेरी करेले जैसी जुबान को क्या हुआ?
आज किस सोच में डूबी हो तुम?

जो भी हो आज बड़ी मस्त लग रही हो
तेरा रूप आज सतरंगी है
तुम्हें देख–देख मोहित हो रहा हूँ

आज चेहरा तेरा प्रथम रात्रि वाला है
बात है कुछ तो है बताओ ना प्रिये

तेरी वाणी का संयम
तेरी आँखों का संयम
निरर्थक विचारों का मौन
प्रिये! जो भी हो आज फिर प्यार
करने का मेरा दिल मचलता है
ऐसे में कितनी प्यारी लगती हो
वाह क्या बात है!

क्या बात है प्रिया
पर चिन्तित भी तो हूँ
तेरा मुखड़ा देख देखकर
ना सताओ मेरी प्रिया
मुझे लगता है डर
तेरी चुप्पी से लगता है डर

तेरी जुबान करेले जैसी हो
चाहे आग ही उगलती हो
अरे बोलो तो सही
आज कौन सा पटाखा फूटने वाला है
अरे यार फोड़ लो न पटाखा
तेरे मौन से भयभीत हूँ यार...

उसकी प्रिया ने प्यार से धीरे
जुबान में मिश्री घोलते हुए कहा
मुझे फिर से निरखो ना?
मैं सत्रह वर्ष की तू अठ्ठारह वर्ष का।

शमा

ज्योतिपुंज शिखा अपने आवरण का बोध नहीं
अंधकार हटाने वाली प्रकाश जगाने वाली हो
तेरे हर कण–कण में ज्योत का वास है
तेरी ज्योति की लौ से तूने हमें सिखाया
नश्वर तन का गर्व न करना, किसी के काम

आये यह ख्याल जरूर रखना
शमां! तूने अपना चोला त्यागा ऐसी कुर्बानी मुझमें नहीं
ज्योत से ज्योत तेरी आभा चमके चहुँ ओर छायें उजियारा
तेरे हर कण–कण दूसरों के काम आये
तेरी ज्योत की लौ तूने अपनी अपने रूप को मिटाया
कभी अमीर गरीब का भेद न किया सबको तूने समर्पित किया

तेरी गाथा सदियों पुरानी है दधिची ऋषि की तरह
हर जन के मन में भाव भरकर अपने चोले का त्याग किया
फिर भी तुझे देख देख न आई मुझे कुर्बानी देने की शक्ति
तूने खुद को न्यौछावर किया बिना अभिमान के
हर बच्चा तुझसे प्यार करे और पलभर में अपमान भी करे
पर तूने अवहेलना सहकर भी सबका साथ देती आई

महलों से होती हुई झोपड़ पट्टी तक साथ देती हो
जन्मदिवस से लेकर मरणदिवस तक साथ निभाती आई
तेरा नाता ऐसा है सबसे कोई तोड़ने से भी नही टूटने वाला
ईर्ष्या, द्वेष, लोभ, अभिमान न करना तुमने सिखाया है
हे शमां! आज भी तू खुद की परवाह न कर
तन का रस को खत्म कर अपने स्वरूप को मिटाया है।

चारु चिन्मय चौका

तेरी न मेरी
नहीं जग की फेरी
न हेरा फेरी
जो शिवस्वरुप हैं
जन्म का फेर
मिटता चला जाता
धरा पे आते
कल्याण है करते
जागृत होते
तेरी मेरी छूटती
जो महान है
संत सरीखे होते
मुख में राम
गले में हलाहल
गंगा उतरी
शिव की जटाओं से
हरि के द्वार पर...

फल है कच्चा
खटापन है ज्यादा
रसीला नहीं
पेड़ से जुदा होता
स्वाद न देता
मीठा नहीं होता है
पका जो फल
रस से परिपूर्ण
चूने लगता
मधुरता देता है
जीवन स्पर्श
जीवन भी रसीला
दृढ़ता आती
सत्य की आँच पर
जो जुड़ा होता
पेड़ के साथ होता
जो पका फल
माँ के साथ बच्चा
रहता सदा
जीवन तैयार है
दोनों आनंद देते...

संगठन

तेरा हाथ है
मेरे साथ है
संग संग है
यही तो संघ है
यही गठबंधन है

आपका हाथ
मेरा हाथ, उसका हाथ
सारी शक्ति एक हो जाती है
सब मिलजुल कर करें काम
दृढ़ता आती मजबूती आती
जैसे सुते को सुते से बाँधा जाता
एक रस्सा तैयार हो जाता है
तोड़ना कठिन होता जाता है
वैसे ही नूतन कुंज है हमारा
सब का साथ सबका विकास
छोटे बड़े सब एक हैं
सब मिलजूल कर रहते हैं
मजबूती के साथ रहते हैं
कार्य सब मिलजुल कर करते हैं
ना कोई बैरी, ना कोई जलन
सब आपस में एक दूसरे
प्यार व सम्मान करते हैं
यही तो विश्वास रखते हैं
तेरा हाथ मेरा हाथ है
तेरा साथ मेरा साथ है।

मिट्टी का मटका

घड़ा ले लो, ठंडा ठंडा पानी पी लो
दाम लगे ना छटांग लगे पानी पी लो
फ्रीज जैसा ठंडा ठंडा कूल कूल
घड़ा ले आई लाल काला मटमैला
पी लो रे मेरे भाई बहनों
तेरी पिपासा शांत करें
माटी के घड़े का पानी शीतल होता
तन मन में स्फूर्ति देता
ना कोई इससे बीमार होता
स्वाद भी इस पानी में भरपूर होता
मटके का पानी प्यास बुझाता
कृष्ण कन्हैया वाला मटका है भाईयों
दूध, दही, मक्खन रख लो
छाछ, राबड़ी भी गटक लो
ले लो रे ओ माई यह मटका ले लो
पूजाघर मे रख लो
माटी का घड़ा प्याऊ लगा लो
आते जाते राहगीरों को पानी पिलाते जाओ
सस्ता मटका सस्ता पानी
डालकर कर लो ठंडा ठंडा
गर्मी में लू से बचाता है यह पानी
कच्ची केरी निम्बू पानी
पीओ और पिलाओ।

मुसाफिर

हर एक मोड़ पर सुर व असुर होते हैं
कोई लायक है तो कोई नालायक है
राम कृष्ण तो कोई रावण कंस है
कोई जनम सफल कर जाता है
कोई जनम विफल कर जाता है
यह दुनिया का मेला है
हर मुसाफिर अपनी मुसाफिरी कर जाता है
कोई याद रह जाता है, कोई रुला जाता है
यह हाड़—मांस का खिलौना है
प्रकृति के साथ खेलने आया है
प्रकृति खेलती मुसाफिर संग
कौन कह सकता है
ग्वाल बालों के संग खेलने वाला
गीता का उपदेश सुनायेगा
कौन कह सकता तुलसी दास
जो काम का उपासक था
राम का उपासक बन जायेगा
रामचरितमानस लिख जायेगा ।

पाँच तत्व का बना शरीर
खेल खेलने आया है जग में
कब आया कब गया
यह चक्कर पे चक्कर चलता है
मुसाफिरों का मेला है
इस पार से उस पार सफर
उसका चलता रहता है
हम सब मुसाफिर है।

पेड़ की व्यथा

पतझड़ आया सारी खुशियाँ ले गया
ना फूल हैं ना पत्ते हैं, निठूर सा रह गया
ना कोई संगी साथी है सबने किनारा किया
रह रहकर बारिश की बूँदें जब पड़ती पेड़ पर
शीत ऋतु आई पेड़ ठिठुरता रह गया
तन का श्रृंगार सारा उड़ गया
जब सुन्दर जवान था सेवा देता रहा
आज कुछ नहीं रहा तो लोगों ने आना छोड़ दिया

इन स्वार्थो कि नगरी में जी नहीं लगता
बारिश की बूँदें जब तन पर पड़ती हैं
हालत मेरी ठंड में खराब हो जाती
मगर लोगों को इनमें भी सुन्दरता दिखती
लोग भी सिर्फ सौन्दर्य के पूजारी हैं
मैंने जो सेवाएँ दी, भूल गया जग सारा
पेड़ कहता है, मैं थर थर काँप रहा हूँ
जिन्दगी मेरी हो गयी कम
चन्द साँसें रह गयी हैं मेरी
लोग मुझमें सुन्दरता खोजते हैं
बूढ़ा हो गया हूँ अब मैं
न साथी रहे न करीबी रहें
बस जी रहा हूँ, बस जी रहा हूँ
राम भरोसे रह गया हूँ ।

www.ingramcontent.com/pod-product-compliance
Lightning Source LLC
Chambersburg PA
CBHW050021170726
48282CB00025B/490
9789390539284